LES ZOUAVES PONTIFICAUX

EN FRANCE.

EXTRAIT

DU

MESSAGER DU CŒUR DE JÉSUS.

PRIX : 25 CENTIMES,

AU PROFIT DU DENIER DE SAINT-PIERRE.

RENNES,

IMPRIMERIE DE H. VATAR.

—

20 janvier 1871.

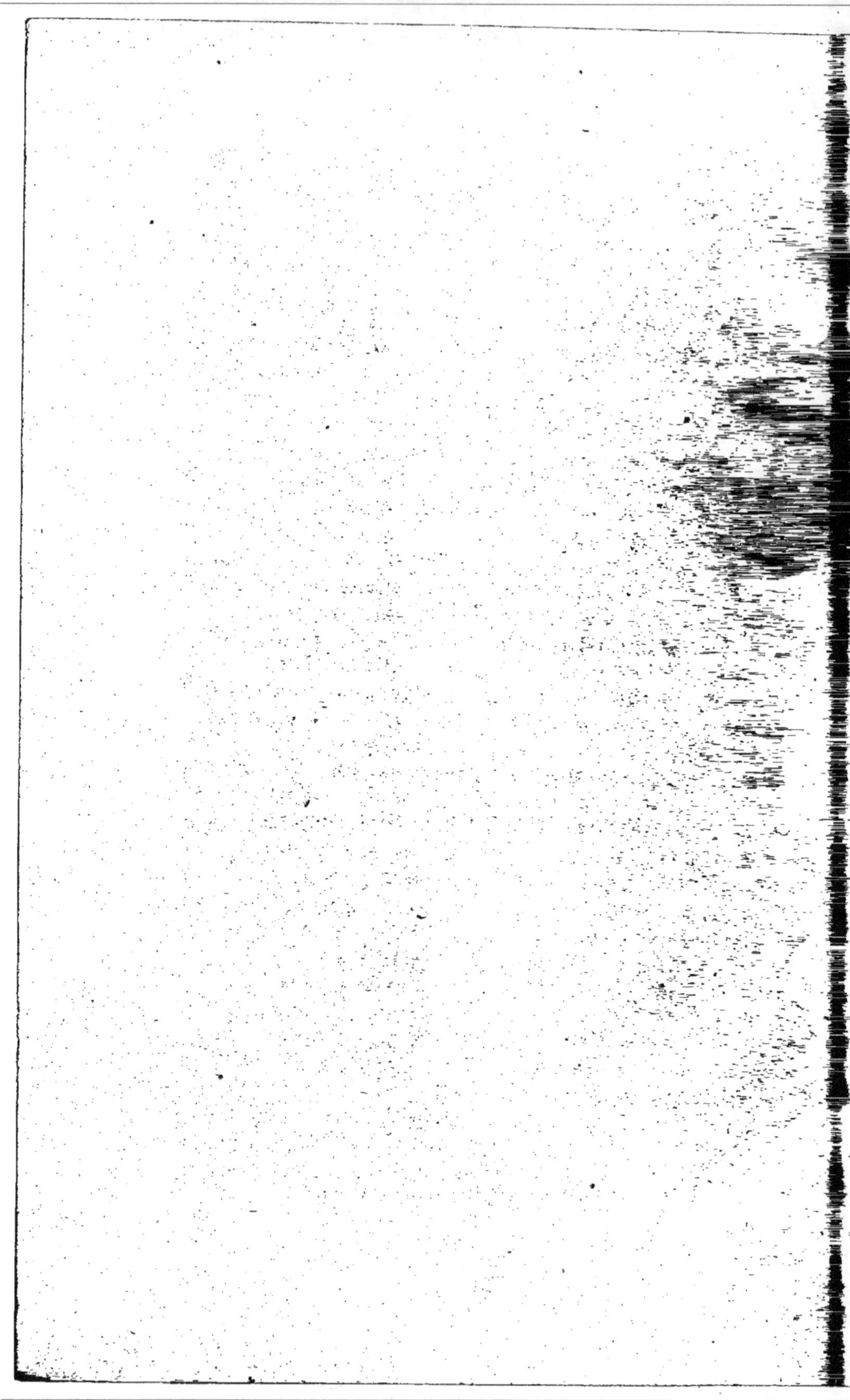

LES VOLONTAIRES DU CŒUR DE JÉSUS.

Ne craignons plus de leur donner ce titre, puisqu'ils viennent de le payer de leur sang le plus pur. Nobles jeunes gens! n'ayant pu s'immoler pour le Saint-Père et pour l'Eglise, ils ont été heureux de s'offrir en sacrifice pour la France, cette seconde patrie qu'ils ne séparent pas dans leur amour de la patrie de leurs âmes : et Dieu a accepté leur sacrifice, comme il avait accepté jadis celui de Judas Machabée, avant d'accorder au peuple d'Israël sa complète délivrance du joug ennemi. Maintenant donc, il nous sera permis de dire ce que la discrétion nous obligeait de taire jusqu'à ce jour : c'est que nos nouveaux Machabées, en partant pour cette dernière lutte si inégale, qui, d'après toutes les apparences humaines, ne pouvait être qu'une boucherie, ont voulu mettre leur martyre sous la protection visible du Cœur de Jésus. Il ne leur a pas suffi de porter chacun sur la poitrine l'emblème de ce divin Cœur; ils ont déployé une bannière où cette image était brodée par des mains consacrées au Seigneur. Nous avions espéré que cet emblème serait pour nos braves ce que fut jadis le Labarum pour l'armée de Constantin. Mais nous n'avons pas encore assez expié nos prévarications pour obtenir la cessation du fléau qui nous châtie; et Dieu a récompensé ses généreux serviteurs en leur accordant une gloire plus grande : la gloire de ressembler à son Fils, de réaliser en eux-mêmes le dévouement dont leur drapeau leur offrait l'emblème, et de mêler leur sang au sang qui découle de la plaie toujours béante du Cœur de Jésus.

Le R. P. de Gerlache qui nous avait raconté les derniers jours de l'armée pontificale, a bien voulu écrire également pour les lecteurs du *Messager*, l'intéressant et douloureux récit du nouveau sacrifice dont ses chers zouaves viennent d'être les héroïques victimes. Nous extrayons ce récit d'une série de lettres dont la première était datée du camp de Marboué, 19 novembre.

H. RAMIÈRE, S. J.

Mon révérend Père,

Le Seigneur tout-puissant, maître des peuples et des armées, nous a soutenus, depuis notre retour en France, d'une manière paternelle, et a permis que nous nous réorganisions dans les mêmes traditions de dévouement et d'abnégation que nous avions suivies à Rome. C'est à la dévotion au sacré Cœur de Jésus, dont nous portons tous le divin emblème sur la poitrine, que nous devons en grande partie cet heureux résultat. N'avons-nous pas appris, outre les promesses faites à la bienheureuse vierge de Paray-le-Monial, que le Seigneur était toujours avec son peuple : « Je prépare toutes choses, dit le Seigneur (1); la France sera consacrée à mon divin Cœur, et toute la terre se ressentira des bénédictions que je répandrai sur elle. La foi et la religion refleuriront en France par la dévotion à mon divin Cœur. »

Vous avez appris comment, dès les premiers jours du mois d'octobre, trois compagnies de zouaves pontificaux, au nombre de près de 200 hommes, s'étaient valeureusement conduites à l'affaire d'Artenay, dirigées par M. Le Gonidec. Ce noyau de braves et les cadres du régiment furent transportés au Mans, où bientôt accoururent de toutes les parties de la France des centaines de jeunes gens désireux de défendre leur patrie, sous la bannière de la foi. Anciens zouaves de Castelfidardo, du camp d'Anagni ou de Mentana, mobiles, gardes nationaux, chacun était heureux d'apporter à la patrie menacée le même tribut de dévouement qu'il avait donné à l'Eglise, ou de combattre en France avec les mêmes convictions qu'il eût montrées sous les murs de Rome. Dans les premiers jours de novembre, deux bataillons de six compagnies chacun furent

(1) Notice *sur la Mère Marie de* Jésus (Vie de la Mère Marie-Anne de la Fruglaye), t. I, p. 252.

suffisamment armés et exercés pour entrer en campagne ; un troisième bataillon devait demeurer au Mans pour recevoir les nouvelles recrues et les former. C'était le moment où le général d'Aurelle de Paladine exécutait son mouvement sur Orléans. Nous partîmes du Mans, dans la nuit du 9 novembre, accompagnés par 25 éclaireurs, commandés par M. du Teilleul, ancien capitaine aux dragons pontificaux, et nous arrivâmes par le chemin de fer à Nogent-le-Rotrou, vers sept heures du matin. Le premier bataillon était commandé par M. de Moncuit, le second par M. Le Gonidec, tous deux sous la direction de M. le colonel de Charette et de M. le lieutenant-colonel de Troussures.

Vers huit heures et demie, la colonne se mit en marche sur la route de Châteaudun. C'était la première fois que marchait à l'ennemi, en France, ce régiment de zouaves dont on s'était tant préoccupé, pendant dix ans, sur la terre d'Italie ; et l'impression qu'il faisait à ceux qui le regardaient sur son passage était à la hauteur de son passé et de sa réputation. Tout à la fois sérieux, allègres, gais et réfléchis, les zouaves s'avançaient d'un pas régulier et modeste ; leur allure martiale et humble séduisait ceux qui s'étaient hâtés de venir les examiner. Comme nous sortions de Nogent-le-Rotrou, je remarquai, devant un café, un groupe d'hommes appartenant à la classe de la société dite *lettrée*. Un profond sentiment de curiosité et d'intérêt était peint sur leur visage, et quand les derniers zouaves passèrent devant eux, j'entendis cette exclamation sortir de leur bouche : « Je vous réponds, mes amis, que ceux-là ne reculeront pas devant l'ennemi. » C'était, en effet, un beau spectacle de voir confondus sous une commune livrée des jeunes gens qui venaient de quitter les bancs de l'école, un Montalembert, un Poulpiquet, un Blondel, un La Roche-Macé et le vieux marquis de Coislin, qui servait déjà glorieusement son pays avant 1830. Ces volontaires étaient fiers de marcher sous les ordres de M. de Charette, qui les avait organisés avec autant de foi que de modestie, ces deux grandes garanties du succès. Ils allaient faire 29 kilomètres, pour première journée de marche, et le lendemain 30 ; ils étaient fatigués, mais contents. Avant d'arriver à La Bazoche, le temps qui était clair se couvrit de nuages, et quand nous campâmes, à la nuit tombante, la pluie était continue. Un grand encombrement de mobiles empêcha de donner aux soldats les soins qui leur étaient nécessaires, et nous reprîmes, le lendemain, peu reposés, la route de Châteaudun.

C'était d'abord l'étape de Courtalain qui nous avait été assignée ; mais la probabilité d'une action de l'ennemi sur Châteaudun nous fit reprendre nos sacs, après deux heures de halte. Nous avions devant les yeux le château du duc de Montmorency, ce dernier représentant titulaire de cette race qui se faisait gloire de se dire *les premiers barons chrétiens*. Que s'est-il passé en France, que s'est-il passé dans la patrie de saint Louis, de Jeanne d'Arc, de saint Vincent de Paul, de la B. Marguerite-Marie, depuis que la tête d'un duc de Montmorency a roulé sur le billot du palais de Toulouse ? La France provinciale avec ses traditions, ses souvenirs, ses franchises, a été nivelée ; la noblesse de cour a remplacé la noblesse militaire ; Versailles est devenu la France, puis cet édifice de convention s'est écroulé ; il est tombé en morceaux ; et, en moins d'un siècle, on a vu le peuple de Paris arracher le petit-fils de Louis XIV du palais de ses pères, et le petit-fils de Frédéric de Prusse, de l'ami de Voltaire, venir s'installer, en vainqueur et en maître, dans la chambre du grand roi.

Nous pensions, en nous avançant vers Châteaudun, à la disparition de ces nobles et vieilles franchises provinciales qui servent tant à la consolidation de la liberté et de l'ordre en Angleterre. La nuit était close quand nous arrivâmes à Saint-Denis-les-Ponts ; quelques cris : *Vivent les zouaves*, nous apprirent que nous traversions un village, c'était le faubourg de Châteaudun. Bientôt nous entrons en ville ; rien de lugubre comme ces ruines de deux rues entières que l'ennemi avait incendiées, à la main, vingt jours auparavant. Pourquoi donc marquer sa victoire par des crimes ? Est-il vrai que cette armée victorieuse qui a remporté, depuis trois mois, des avantages dont l'éclat devrait désarmer sa colère, ait cru devoir faire périr volontairement dans les flammes des vieillards, des soldats blessés, des ménages entiers, en plaçant des factionnaires devant les maisons embrasées, d'où ces malheureuses victimes voulaient s'échapper ?

Comme à La Bazoche, l'encombrement des troupes qui se dirigeaient sur la route de Chartres nous empêcha de trouver un logement convenable. Une compagnie de ligne était déjà installée dans l'église paroissiale de Sainte-Madeleine ; on y distribua aussi, sur de la paille, les douze compagnies de nos deux bataillons. Cette église, d'un gothique de la renaissance, successivement modifiée par les époques modernes, conserve une magnifique ogive à l'arc de la nef, et a dû être primitivement fort vaste. Cinq ou six boulets l'ont traversée pendant le bombardement du 19 octobre, la sacristie a été saccagée, et le toit de la partie gauche de la nef est à jour. Nos soldats se rangèrent avec ordre et patience aux divers endroits qui avaient été assignés à leurs compagnies ; et bien qu'il fût nuit close, et que leur souper, qu'on préparait dans le jardin voisin de l'église, se fît longtemps désirer, il n'y eut aucun mécontentement. Vers neuf heures, je récitai la prière du soir et les litanies de la sainte Vierge, auxquelles chacun répondit avec dévotion. L'Hôtel-Dieu, adjacent à l'église et desservi par les bonnes Sœurs de Saint-Vincent-de-Paul, ces dignes émules de la sœur Lequette de Rome, nous fut en ce moment d'un grand secours. Quarante de nos zouaves, exténués de fatigue, y furent immédiatement reçus, leurs pieds pansés et rafraîchis, et d'autres maladies qui commençaient à se montrer parfaitement traitées.

Le vendredi 11, je dis la sainte Messe au milieu des zouaves, à l'église Sainte-Madeleine ; plusieurs d'entre eux communièrent, les autres se recueillirent pendant le Saint-Sacrifice. Le temps était mauvais, la neige commençait à tomber, les nouvelles de l'ennemi étaient incertaines ; quelques rumeurs, relatives au succès d'Orléans, commençaient à circuler ; on nomme les postes de quatre compagnies de grand'garde, vers Notre-Dame-du-Noyer, où elles demeurèrent vingt-quatre heures.

La congrégation des Sacrés-Cœurs dirige, à Châteaudun, un pensionnat de jeunes personnes, et n'a pas eu à souffrir de l'entrée des ennemis. Cet établissement a été épargné, ainsi que le château des anciens comtes de Dunois, appartenant à M. le duc de Luynes, tandis que l'Hôtel-Dieu, sur lequel flottait l'étendard noir et la bannière de la convention de Genève, fut traversé de maints boulets ; l'un d'eux passa dans la salle des opérations, entre le chirurgien qui amputait le bras d'un blessé, et la Sœur qui le soignait.

Le soir de ce même jour, M. de Kermoal, capitaine de semaine, vint me prendre pour visiter cette malheureuse ville. Le château des comtes de Dunois paraît avoir été rebâti sous Charles VIII. L'aspect en est imposant, surtout au nord-ouest, vers la basseville ; il demeure une tour ronde d'une époque antérieure, et la chapelle, ou plutôt l'église centrale, restaurée par l'ancien duc de Luynes, mort à Rome en 1868, est d'un beau gothique. Nous entrâmes avec M. de Kermoal dans cette chapelle où avaient reposé les corps de ces valeureux comtes de Dunois pendant tant d'années. Des compagnies de mobiles, des compagnies d'un régiment de marche mêlées, font cuire leur ordinaire le long de ces murs fleurdelisés. On voit çà et là épars des fragments d'un monument d'une princesse de la maison d'Orléans, de la race des Valois, et le peintre qui restaure les fresques n'a pas encore démonté son échafaudage. Ces souvenirs de l'ancienne gloire de la France étaient bien poignants au milieu des ruines qui nous entouraient, en face d'un ennemi puissant qui nous menaçait, à 10 kilomètres de là, sur la route de Chartres. En portant, de la cour du château, nos yeux sur ces belles campagnes de la Beauce, en écoutant les pulsations de la foi dans ces populations si riches, si heureuses, si assurées de la graisse de la terre et de la rosée du ciel, il fallait avouer que Dieu n'était plus là, que le Seigneur était effacé de leurs calculs, et qu'il n'y avait que le malheur qui pût les ramener à la vérité. *Deus castigando sanat.*

La journée du samedi se passa pour les uns en grand'garde, pour les autres à se reposer; on savait que le repos ne serait pas long. Après avoir dit la prière commune à l'église, à 8 heures, et confessé jusqu'à 10 heures, je rentrai à l'Hôtel-Dieu; et vers 11 heures et demie, M. de Kermoal vint m'avertir que le départ étant fixé au lendemain à 6 heures, le réveil serait à 4 heures; on désirait avoir la messe vers 4 heures trois quarts. Je fus sur pied à 3 heures, entendis diverses confessions avant la messe et la célébrai vers 5 heures en l'honneur de cet héroïque Stanislas Kostka, l'un des plus puissants protecteurs de la jeunesse. Avec les braves qui m'entouraient, je recommandai spécialement à la protection du jeune Saint, un de leurs anciens compagnons d'armes, qui, en ce moment, dans une chapelle des Flandres, déposait son uniforme de zouave à l'autel de Notre-Dame, comme saint Ignace de Loyola avait déposé son épée à l'autel de Notre-Dame-de-Mont-Serrat.

La brigade commandée par le colonel Sautereau était rangée dès 6 heures du matin sur la place de Châteaudun; elle était composée de fusiliers de marine, de deux régiments de ligne, de mobiles et des zouaves. Le lendemain, les régiments de ligne furent rappelés et dirigés vers Orléans, ainsi que la cavalerie. L'ennemi était campé à Labourdinière, au-delà de Bonneval, d'où il faisait de fréquentes excursions, jusqu'à cette dernière bourgade. Nous partîmes par une route large et commode et un beau temps, et nous marchâmes jusqu'au village de Marboué, situé à 7 kilomètres de Châteaudun. En sortant du village, nous prîmes de fortes positions dans les bois; le 2ᵉ bataillon s'étendant depuis la route de Chartres jusqu'à

Logron, à l'ouest ; M. le commandant Le Gonidec s'établit à la ferme de Vilsard, où se trouvait la compagnie de M. de Gouttepagnon. Le premier bataillon occupait les bois appartenant à M. le vicomte Reille, depuis le château des Coudreaux jusqu'au village de Saint-Christophe, où se trouvait M. de Bellevue. Garde constante nuit et jour, nourriture irrégulière, coucher sur la bruyère, au commencement de l'hiver, telles sont les épreuves auxquelles se soumettent avec joie les zouaves pour payer leur dette à leur pays. En traversant les compagnies groupées dans une clairière, ou assises au-delà d'un fossé, au bord d'un bois, on n'entend que l'expression d'un seul regret, celui d'être aussi éloigné des églises de Marboué, ou de Saint-Christophe, pour pouvoir aller y faire ses dévotions. Telle est notre vie depuis huit jours.

Jeudi soir, le colonel Sautereau avait envoyé à M. le colonel de Charette et aux autres commandants supérieurs l'ordre de se porter sur Bonneval le lendemain à 5 heures du matin ; à 8 heures, nous arriva, au château des Coudreaux, le contr'ordre, qui ne put parvenir à temps aux fusiliers de marine, campés près de Flacey. Le lendemain, nous rongions notre frein pendant toute la matinée, quand, au milieu du déjeûner, M. Louis de Charette arriva, brideabattue, annonçant qu'un village au-delà de Bonneval était incendié par l'ennemi. On partit immédiatement, au pas accéléré, réunissant à grand'peine ces douzes compagnies étendues dans une envergure aussi considérable. On fit 7 kilomètres en 1 heure un quart, pour assister, au-delà de Bonneval, à la poursuite, par nos fusiliers, des cavaliers ennemis qui avaient mis le feu au village du Péruchet.

M'étant foulé le pied dans cette expédition, je fus obligé de quitter le régiment ; et je ne pus le rejoindre que pour assister au sanglant sacrifice qu'il me reste à vous raconter.

Le 3e bataillon des zouaves pontificaux, parti du Mans pour renforcer les deux premiers, avait été retenu par le général Jaurès, et dirigé sur Saint-Calais. Le vendredi, 2 décembre, vers quatre heures du matin, nos deux premiers bataillons se mirent en marche pour venir camper au sud du bourg de Patay. Bien que des engagements eussent eu lieu depuis lundi 28, entre l'armée française et l'armée prussienne, sur une ligne de plus de 28 kilomètres, la journée du 2 présenta un caractère particulier d'ensemble et eut des conséquences plus décisives. Les ordres venus de Tours prescrivaient d'opérer dans la direction de Thoury pour faire la jonction avec l'armée du général Ducrot, que l'on croyait à Etampes.

Notre premier bataillon se dirigea , par la route de Terminiers, vers Faverolles et Villepion ; le deuxième fut envoyé sur la gauche, au nord-est de Guillonville. Il était plus de trois heures , quand le général de Sonis , apprenant les mauvaises nouvelles qui lui arrivaient du 15ᵉ et du 16ᵉ corps , chercha à entraîner les troupes qui lui étaient confiées , et à percer les lignes Prussiennes , en reprenant le village de Loigny. Aussi chevaleresque que chrétien, le général de Sonis se rappelait qu'à cet endroit Jeanne d'Arc avait vaincu les envahisseurs de la France ; mais le Dieu des armées , en lui refusant une victoire sur ce champ illustre , opéra dans le cœur de ces deux cents jeunes gens qui sont tombés, à son commandement, baignés dans leur sang , un miracle plus précieux que le triomphe des bataillons : le miracle de la patience, de la confiance en Dieu et de la joie dans le sacrifice. Le général, n'ayant pas obtenu de deux autres régiments de marche la valeur qu'il désirait , arriva au colonel de Charette , les yeux pleins de larmes ; et , crispant les rênes de son cheval, il lui dit : « O vous au moins , mon colonel, vous et vos soldats, vous ne m'abandonnerez pas comme ceux-là. » A peine avait-il dit ces mots, que de toutes les poitrines des officiers comme des soldats s'échappa le même cri d'honneur : « *Non, non ! en avant, vive Pie IX, vive la France !* » Le général embrassa alors M. de Charette , serra la main à M. de Troussures , à M. de Ferron , à M. de Moncuit et à ses aides-de-camp , et partit , suivi par les zouaves, aux cris de : *Vive Pie IX, vive la France !* C'est alors qu'eut lieu une de ces vigoureuses charges à la baïonnette si redoutée par les ennemis de la France. Avec une impétuosité irrésistible, on emporta un petit bois quadrangulaire qui fut laissé couvert d'ennemis blessés , et on occupa aussitôt le parc du château de Villepion , position importante que l'ennemi voulut bientôt tourner sur notre gauche. C'est là qu'il fut arrêté par le 16ᵉ corps , se repliant sur Orgères ; il reprit bientôt ses positions au village de Loigny que nous attaquions, et nous mitrailla , pendant notre retraite , d'une manière désastreuse.

Des coups les plus graves et à jamais irréparables venaient de frapper notre beau régiment. Le général de Sonis, à la tête de son état-major , avait été atteint d'une balle à la jambe , et gisait près du bois, sans qu'aucun autre général prît le commandement du corps. Le drapeau , portant l'image du sacré Cœur de Jésus , était confié au chevaleresque Henri de Verthamon , qui avait abandonné sa jeune femme et ses deux enfants, pour venir servir son pays , comme il avait jusqu'à la dernière heure servi le Saint-Père. Une balle l'atteint à la poitrine ; il se relève, et ne lâche son précieux dépôt que lorsqu'il est frappé par un second projectile. L'étendart baigné de sang est successivement repris par M. de Casenove, qui a le poignet emporté, par Jacques de Bouillé, par le jeune Le Parmentier, et rapporté enfin par le sergent-major Landeau. Plusieurs balles blessent le cheval du colonel de Charette, sans abattre le vigoureux animal ; mais un obus vient éclater dans le poitrail, et blesse son cavalier à la cuisse. Le colonel se dégage et reçoit bientôt une nouvelle blessure. Le lieutenant-colonel de Troussures, cet officier si intelligent et si instruit, qui portait si haut l'honneur du régiment, est mortellement atteint en pleine poitrine. Le commandant de Moncuit est frappé d'une balle dans cette partie du bras gauche que lui avait laissé l'amputation faite après Castelfidardo ; le capitaine adjudant-major Bertrand de Ferron a la cuisse atteinte par une balle ; l'aide-de-camp du général de Sonis reçoit trois blessures : l'état-major avait glorieusement payé la dette de la bravoure et du sang. Quant aux compagnies, les officiers n'avaient pas été plus épargnés : outre M. de Gastebois frappé de mort par trois balles, M. le capitaine du Reau avait été gravement atteint ; M. le lieutenant de Bois-Chevalier était couvert de blessures ; M. le lieutenant Paul de la Bégassière avait le côté gauche traversé par une balle ; le lieutenant Robert Wetch portait une grave lésion à la tête, et le lieutenant Ferdinand de Charette avait la jambe traversée.

C'est dans ces douloureuses conditions que le village fut emporté par nos zouaves vers cinq heures du soir, à la nuit tombante ; mais une poignée de braves était impuissante contre les compagnies prussiennes et bavaroises. Leurs officiers rallient à grands cris ces soldats allemands qui fuyaient épouvantés jusqu'aux environs d'Orgères, et les ramènent avec mille menaces contre notre bataillon décimé et hors d'état de continuer la lutte. En effet, nous étions à peine soutenus, sur la gauche, par un petit corps de fusiliers de marine et par les francs-tireurs de Tours et de Blidah, qui vinrent jusqu'au village avec nous et firent bien leur devoir ; l'artillerie, placée près de Terminiers, avait épuisé ses munitions ; des mobiles, qui se plaignaient de n'avoir plus d'officiers, refusèrent de suivre M. le commandant de Moncuit. Alors commença, pour le bataillon de zouaves, cette scène d'extermination plus héroïque encore que l'attaque à la baïonnette de Terminiers et de Villepion : tout à l'heure il n'avait fallu que le courage des hommes d'honneur ; ici, il faut la résignation des martyrs.

La nuit arrivait, mais les légions ennemies sont nombreuses, et à chaque moment elles augmentent. Une fusillade soutenue pendant une heure entière est dirigée sur nos soldats qui se retirent séparément, mornes, silencieux, désespérés. En voyant tomber à côté d'eux leurs camarades, ils se disent que dans quelques minutes ils seront aussi devant Dieu; ils n'en font que plus courageusement leur devoir. Le sergent Quéré, un brave breton blessé à Castelfidardo, est étendu raide mort par une balle; le lieutenant Henry de Bellevue reçoit cinq balles dans ses vêtements, et l'une d'elles lui enlève le galon de son uniforme, tandis que son cousin Jean de Bellevue est atteint d'une blessure grave à la poitrine; le sous-lieutenant Garnier voit trois balles sillonner ses vêtements, sans le toucher lui-même. Tous ces jeunes gens s'avancent sous la mort, qui passe à chaque instant sur leur tête; leur cœur est navré par le spectacle de leurs officiers blessés pendant l'attaque et déposés à l'angle du bois, en proie à de cruelles souffrances, et ils ne peuvent avoir la consolation de les emporter avec eux. Il était sept heures environ, quand les premières compagnies rentrèrent à Patay, où le deuxième bataillon était déjà revenu. Mais peut-on donner le nom de compagnies à ces quelques hommes arrivant les uns après les autres, évitant de se placer en escouade, pour ne pas attirer les balles ennemies? Toute la nuit se passa ainsi, et ce ne fut que le lendemain matin que l'on put faire l'appel et établir le nécrologe approximatif de cette héroïque journée.

Avant de réunir les noms de ceux qui tombèrent sur le champ de bataille, je me permettrai une remarque relative aux causes de ce désastre. On a accusé le général de Sonis d'avoir fait une charge de cavalerie trop hardie, c'est vrai; mais une pareille faute, est, après tout, bien excusable. On l'a accusé, de plus, d'avoir sacrifié les zouaves : ce second grief est de tout point inexact. Le général commandant le 17ᵉ corps jugeait les zouaves comme il se jugeait lui-même, et il avait raison. Le matin, il avait fait la sainte communion avec plusieurs de nos officiers, et s'avançait à la mort avec résolution et avec entrain, comme tout soldat doit le faire. Son plan de bataille, pour la journée du 2, avait été étudié avec soin et méthode; chaque corps avait sa place parfaitement déterminée, et l'objectif de la route d'Etampes était exactement reconnu. Mais la perte du village de Poupry par le 15ᵉ corps avait détruit l'équilibre de forces sur lequel il comptait; et quand le 16ᵉ corps, fatigué de la lutte de la veille, commença à fléchir à son tour, la partie était trop forte pour le 17e, et les éléments qui le composaient trop hétérogènes pour une action à laquelle des forces isolées ne pouvaient suffire. L'armée de la Loire, malgré cette défaite, avait apporté un contingent réel de patriotisme à la défense nationale; mais le principe d'autorité manquait partout : et sans principe d'autorité, il n'y a pas d'armée possible, surtout aux heures décisives. Depuis le commencement de la campagne, l'ennemi avait eu les mêmes chefs, à partir du comte de Moltke et du duc de Mecklembourg jusqu'au dernier sous-lieutenant; dans notre armée, les chefs supérieurs étaient changés chaque semaine, et les chefs inférieurs faisaient défaut. L'art de la guerre, qui ne s'acquiert point par un trait de plume et une nomination insérée au *Moniteur*, n'était peut-être pas encore ce qui nous manquait le plus. Les zouaves se battirent comme des lions, sans doute, parce qu'ils avaient pour la plupart supporté les fatigues de la guerre en Italie, mais surtout parce que le principe de subordination chrétienne et de confiance hiérarchique est vivant parmi eux. Rien de semblable dans les régiments dits *de marche*. On l'a observé déjà, la lecture de certaines feuilles leur a inspiré la haine et le mépris de leurs chefs; on dirait que les défiances et les accusations arrivent toujours à point pour déguiser la peur réelle que leur inspirent les Prussiens. Autant l'infanterie de marine est courageuse et tenace, autant la ligne est prompte à la débandade. Quant aux mobiles, particulièrement des bons départements de l'Ouest, avec qui nous nous sommes souvent trouvés au feu, ils sont venus à l'armée avec les meilleures conditions de foi, de moralité et de courage. Quand la France se retrouvera elle-même, elle prendra dans les mobiles les meilleurs et les plus solides éléments de la réorganisation de son armée. Mais, aux premiers jours de décembre, ces jeunes gens, fatigués par trois mois de marches et de contre-marches, mal vêtus, insuffisamment nourris, commençaient à s'étonner de cette étrange façon de combattre l'ennemi; ils voyaient des régiments se borner à chanter la *Marseillaise*, à s'enivrer et à fuir devant l'ennemi. A ce spectacle, leurs bonnes dispositions s'effaçaient de jour en jour. Telles étaient les troupes qui avaient été données au général de Sonis, et qui combattirent avec les zouaves le 2 décembre. Il m'a paru bon de redire, pour l'avoir vu de mes yeux, ce que tant d'autres ont dit avant moi, et ce qui est la triste, mais exacte vérité.

Quel lugubre appel fut celui qui eut lieu dans nos rangs, le samedi 3 décembre! M. le commandant Le Gonidec, faisant les fonctions de lieutenant-colonel, devait diriger la retraite vers Rosières et Beaugency, et atteindre enfin Poitiers, où le régiment a ordre de se reformer. Avant le départ, il voulut savoir ce qui lui restait de ses braves troupes.

A la première compagnie, il manque trente-trois hommes, outre le sergent Quéré, tué pendant la retraite; on a vu le sergent Lemaître atteint d'une balle dans l'aine à la prise du village; Fernand de Ferron, blessé à l'épaule; les sergents de Foresta et de Villebois atteints de plusieurs blessures, dont on ne connaît pas la gravité.

La deuxième compagnie, commandée par le lieutenant de Boischevalier et ramenée par M. le sous-lieutenant Pavy, constate vingt-cinq hommes disparus, parmi lesquels le sergent-major Armand du Bourg, grièvement blessé; le sergent de Villemaret, blessé à la jambe; Joseph de Vogué, mortellement attteint à l'aine.

La troisième est une de celles qui ont le plus souffert : son brave capitaine, Zacharie du Reau, est tombé glorieusement au champ d'honneur; le sergent-major Jules de Traversay a le bras droit labouré par une balle; Pierre de Raincourt est blessé, ainsi que les sergents de la Peyrade et Laurier; on dit graves les blessures de Roger de Richemond, Adolphe de Ferron, du zouave de la Mallerie, de Pontourny et de l'Esparda; en tout trente hommes manquent à l'appel. Le comte de Bouillé, atteint de plusieurs coups à la poitrine, est ramené dans l'église de Patay, servant d'ambulance, d'où un aide-de-camp du général Chanzy le fait transporter à Orléans après notre départ; Pierre de Lagrange, secrétaire de M. de Charette, qui souffrait si vivement de l'envahissement de la France, est frappé de trois balles, à côté de M. du Reau.

La quatrième compagnie, celle de l'excellent capitaine de Gastebois, n'a pas été plus épargnée que son commandant. Trente-deux hommes ont disparu : Hervé de Kersabiec est blessé à la poitrine par un soldat prussien qui, le traître! avait levé la crosse comme pour se rendre; le sergent Serio, cet ancien soldat de Gaëte, est atteint mortellement; les sergents de la Valette, Charrier et de Vezins sont blessés ou prisonniers.

La cinquième compagnie, commandée par M. Paul de la Bégassière, a perdu trente-trois combattants.

Dans la sixième, commandée par M. le lieutenant Renaud, vingt-huit hommes manquent à l'appel : le sergent-major de la Celle est blessé, comme le sergent-major de Macquilley; le sergent Renaudière a une balle dans le genou; le sergent Wagner est blessé et prisonnier ; le caporal Dupré est blessé à la tête ; on est fort inquiet des blessures du jeune de Mauduit, de Houdet et d'Hippolyte de Labrosse, dont le frère fut tué à Cercottes. Il paraît que le zouave de Grille, dont le haut de l'épaule a été fracturé, a pu être transporté à Orléans.

Dès ce moment cesse la part d'action du régiment des zouaves dans la marche offensive de l'armée de la Loire, qui devait le lendemain aboutir à l'abandon d'Orléans. Nous demeurâmes sans aucune nouvelle du troisième bataillon, que l'on disait à Marchenoir, tandis que le deuxième et les restes glorieux du premier viennent camper à Mer, dans la nuit du 4 au 5. En rentrant à Blois, dans la matinée du 5, nous apprîmes que plusieurs corps s'étaient encore battus pendant toute la journée du samedi, et que par suite de la marche de l'ennemi, nos blessés de la veille avaient pu être soignés et secourus dans les villages environnant Terminiers. L'inquiétude des familles dont les membres avaient pris part à ce combat meurtrier du 2 les amenait à Blois. Combien de parents dans l'anxiété voulaient traverser les lignes ennemies, pour aller soigner et ramener de chers blessés ou courir à la recherche des disparus ; mais ces efforts devaient être infructueux, et les angoisses si naturelles ne pouvaient être dissipées. En outre, chacun savait que nous avions abandonné ce triste champ de bataille, entre Terminiers et Loigny, à la nuit tombante, et que grand nombre de nos blessés étaient demeurés exposés sans premier pansement, pendant de longues heures, à toutes les rigueurs d'un froid glacial. Les versions, du reste, sur le sort de nos amis étaient nombreuses et parfois contradictoires. On conservait l'espoir de sauver le général de Sonis et le colonel de Charette ; on affirmait que les blessures du capitaine de Ferron et du capitaine du Reau n'étaient pas graves, tandis que d'autres assuraient qu'elles étaient dangereuses. Le corps des éclaireurs, commandé par M. du Teilleul, arriva à Blois le lundi soir, n'ayant pas de renseignements plus précis que les nôtres. C'est en vain que je cherchai une voiture à Blois, pour me rendre à Mer : toutes étaient réquisitionnées. Le mardi j'allai chercher au château, transformé en ambulance, M. le lieutenant de la Bégassière, qui s'y trouvait avec deux autres zouaves ; et bien qu'il souffrit beaucoup de sa blessure qui l'empêchait de respirer, il voulut se rendre à Tours. Tantôt un char prêté, tantôt un train du chemin de fer nous amenait quelques blessés, confondus au milieu de toutes ces victimes des combats de la semaine écoulée. Dans une seule journée , celle du mardi , sept cents blessés étaient arrivés , par un même train, au château de Blois ; et bientôt il fallait songer à les transporter plus avant dans le pays , parce que l'ennemi s'emparait de Meung et marchait vers Beaugency. M. le capitaine de la Messelière , qui avait protégé avec sa compagnie la retraite de l'artillerie , se trouvait à Rosière où il reçut l'ordre de se rendre à Poitiers par Tours. Enfin , mardi soir , les deux bataillons quittèrent Mer par le chemin de fer , et arrivèrent à Blois vers sept heures du matin ; ils étaient attendus à Poitiers dans la nuit du mercredi au jeudi. J'eus quelque peine à emmener de Blois nos blessés , dont l'un , fils de M. Girard , rédacteur de *la Terre-Sainte* de Grenoble , était gravement atteint à l'épaule droite ; les médecins redoutaient le froid piquant de la journée ; mais ils furent admirablement accueillis et soignés , à Tours , par Mme de Trémiolles , le docteur Nivert et les bonnes sœurs Carmélites.

Malgré le désastre de la journée de vendredi , l'effet produit sur l'armée de la Loire par le courage des zouaves a été profond. Comme je me trouvais , hier , à la gare , pour attendre des blessés et chercher à recueillir des nouvelles de M. de Charette , je rencontrai un jeune officier de cavalerie , aide-de-camp d'un des généraux commandant l'armée de la Loire , et qui avait reçu trois blessures au combat de Patay. La conversation tomba naturellement sur la charge du général de Sonis et la conduite des zouaves : « Mon Père, » me dit-il, je regarderai toujours, malgré notre défaite, cette jour- » née comme une des plus belles de ma carrière militaire , parce » que j'ai eu l'honneur de combattre à côté des zouaves pontificaux. » Ce sont les premiers fantassins du monde. »

Je finis , mon Révérend Père , en vous demandant des prières au Cœur adorable de Notre-Seigneur , dont nous avons porté l'étendart au combat (1). Nous en avons grand besoin. Nous retournons à

---

(1) M. Poujoulat nous fournit encore les détails suivants sur ce glorieux fanion des zouaves pontificaux : « Dans les premiers jours d'octobre dernier, pendant que M. de Charette préparait à Tours son organisation , il fut informé qu'une bannière , déposée dans une maison chrétienne de cette ville , lui était destinée. Cette bannière était l'ouvrage d'une religieuse de la Visitation de Paray-le-Monial ; elle l'avait brodée bien avant la guerre et disait que des mains dévouées à la défense de la religion la porteraient au combat. Lorsqu'on sut que le corps des zouaves pontificaux allait prendre part à la lutte contre les envahisseurs de notre sol , on reconnut tout de suite en eux les combattants chrétiens qu'attendait la religieuse de Paray-le-Monial. »

Ajoutons que le sang des Volontaires du Cœur de Jésus a coulé le *premier vendredi* de décembre.

Poitiers sans colonel, sans lieutenant-colonel ; ces deux pertes sont irréparables, et en outre le troisième bataillon ne nous revient pas pour remplir, avec les compagnies de dépôt, les vides du premier. Enfin, ces dignes soldats de Pie IX ont rempli admirablement, encore une fois, leur devoir. Par l'effusion d'un sang, que le général de Sonis avait si bien nommé un *sang généreux*, ils ont montré quel courage donne au cœur l'amour sincère de l'Eglise et de la France.

Agréez...

Eugène de GERLACHE, s. J.,
Aumônier aux Volontaires de l'Ouest.

Blois, 7 décembre 1870.

Rennes. — Imprimerie de H. Vatar

www.ingramcontent.com/pod-product-compliance
Lightning Source LLC
Chambersburg PA
CBHW050727070726
47597CB00009B/3817